らしく生きよと猫は言う

ジェイミー・シェルマン 絵

マイケルオマラ出版社 文

角田光代 訳

もくじ

毎朝、窓辺で私たちを
待っていてくれる
ご近所の猫、
ブルックシーに

　今までの人生において、私はたくさんの愛すべき猫たちとともに暮らしてきました。そして、猫という生きものから、じつに多くの人生のコツを学ぶことができると気がつきました。どう生きるか、どう愛するか、どうやってほしいものを手に入れるか、どのように自分をありのまま受け入れるか、生きる上でもっともたいせつなのは何か……ごはん、睡眠、それから友だちづきあいも少しはね！……などなどです。

　このめまぐるしく、落ち着かない世界で、私自身、以前よりずっと猫を（というより近所のブルックシーを、ですが）見ならうようになりました。心地よく、おだやかに、たのしく、そしてちょっとばかり賢くあること。猫は思慮深く、でも間の抜けたところもあり、かまってほしいのに素っ気なくて、その存在はシンプルだけど替えがきかず、──さらにすばらしいことに、なんにもしないでいることに満足できる。この本を読んだみなさんが、猫たちから何かしら学んでいることに気づいてくれたらうれしいです。そしていつか私たちも、次のごはんまで、じゅうぶん満ち足りて、うっとりと目を細め、優雅にじっとすわっていられる日がくることを願っています。

ジェイミー

はじめに

　猫がわが家にやってくる前は、猫になりたいと思うことがときどきあった。猫は悩みなんてなさそうだし、がむしゃらに働かなくていいし、好きなときに好きなだけ寝ていられる。いいなあ、猫は。

　わが家に猫がきたのは２０１０年、ちょうど十年前だ。漫画家の西原理恵子さんのおうちから、生後三か月ちょっとのときにやってきた。猫と暮らすのは私にとってはじめてのことだったが、猫も私も、共同生活にあんがいすんなり慣れた。

　猫と暮らしてみると、以前のように猫になりたいとは思わなくなった。猫は猫でたいへんそうだからだ。自宅警備をしなくてはならないし、異変を察知して同居人（私と夫）に知らせなければならないし、みっともないところを見せてはいけない。

　さらに、猫はいつも真剣だ。その顔つきを見ていれば、どれほど真剣に日々暮らしているのか、よくわかる。こんなに真剣ならば、一日の大半を寝て過ごすのも無理はなかろうと同情すらする。わが家の猫から私が最初に学んだことは、人生における「真剣さ」なのであります。

　　　　　　　　　　　　　　　　　　　　　　　角田光代

Part 1

強い私に
なろう

　猫に個性があろうとは、猫を飼うまで知らなかった。猫はみんな共通して、わがままで気まぐれで、わが道をゆくタイプなのだと思っていた。猫種によって「遊び好き」とか「甘えんぼう」といった性質があると聞いたことがあり、遺伝子的ななんらかの理由で、猫種によって異なるのだろうと思っていた。

　しかし、猫も百匹いれば百の個性があり、同じ猫種だってまったく異なる個をもつことを知ったときは、驚いたというより、じわじわとした感動があった。そりゃあそうだよな、人間は人間っぽいんだろうなんていうのが、意味もないほど乱暴なのと同じく、猫も犬も、きっと川の鴨やサファリパークの象も、みんなそれぞれ、種では

くくれない個性があるのだろうなあ。

　わが家の猫はさみしがり屋で運動神経が鈍く、あきらめが早く、何ごとも許容し、甘えたがりだが、家族以外に甘えているところをぜったいに見られたくない不思議な気位の高さがある。そして私と夫に似て、性質がストレートではない。さわやかさもない。じっとりしている。

　たとえば私が二日間留守にして帰るとする。ストレートな猫は、だーっと走ってきて頭をぐりぐりなすりつけてミャオミャオと抗議鳴きをする。じっとりしたうちの猫は、まずベッドの下に隠れて「知らない人がきた」という扱いをする。「ごめんね、留守にしていてごめんね」とベッドの下をのぞいて話しかけても出てこない。あき

　らめてほかのことをしていると、夫の膝に乗ってぐるぐるのどを鳴らして甘えている。私へのあてつけである。私のもとにきて頭をスリーッとなすりつけてくるのは、帰ってから三時間後くらいか。

　こういうじっとりした面が私にも確実にあり、そういうところが自分で嫌いだ。私はさわやかでストレートな人になりたい。幼いころからずっとそう思っている。でも猫は、そんなふうには考えないようだ。自分のこういうところがいやで、こんなふうになりたいという考えが、そもそもないのだろう。自分の個性を、長所とも短所とも思わず、ただ猫は受け入れている。ただ自分自身でいる。でももし、そんな自分を変えたいと思って、ストレー

トでさわやかな猫になってしまったら、私はとまどう。じっとりしたところも含めて、私はわが家の猫を愛しているのだ。

　私はずっと、強い人というのは、大きな声で自己主張をしたり意志を貫いたり、他人を受け入れたり他人に譲ったりできる余裕のある人のことだと思っていた。それもまちがいではない。けれど、自分のことを過小も過大もなく真に知って、自分自身を引き受けるということも、ひとつの強さなのだなと猫を見ていて思うようになった。自分を否定したり変えようとしたりするよりも、今の自分を肯定できる、そんな私のほうが強いはずだと思うようになった。

まず、自分を好きになること

なわばりを主張していいの

あなたの居場所を
守れるのは、
あなただけなんだから

みんなと同じじゃなくて
かまわないし

人になんと思われたって
いいじゃない

変な自分を
認めて
あげようよ

望みは
高いほうがいいけど

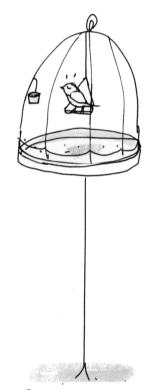

高くしすぎて、

目標を見失わないようにね
- -

ときには冒険も必要だけど

飛び出すときは
ちゃんとまわりを見るように

失敗するかも
しれないけど……

そんなことでへこたれる
あなたじゃない

反省する時間があってもいいけど

立ちなおりは早いほうがいいよ

ちいさなことは
気にしないで

不安なんて、
それほどこわくないから

うつむいているのは
よくないよ

颯爽としていてね

想像力は
たくましいほうがいい

臆病すぎるのはどうかと思う

でも、心配性でよかったって
ときもあるから

直感は
信じること

こうと決めたら、
かんたんには折れないで

好奇心旺盛で
いてね

それってつまり、
子どもの心をもったままで
いてねってこと

そうすれば、

どんなことでもたのしめるから

何にも勝る、
あなただけの一冊に
出合ってね

それから、いつも世界に目を向けていて

Part 2

のんびり
やればいいよ

二十代のはじめ、私は忙しい大人にはぜったいになら
ない、と思っていた。よしんば忙しくなってしまったと
しても、忙しいとはけっして言うまい、とも思っていた。
アルバイトをしていた会社に「忙しい、忙しい」と言い
続けている若い社員がいて、ものすごくお洒落で男前の
人だったけれど、その忙しいの連発がかっこ悪いと思っ
たからだった。

ところが私がひまだったのは三十代の半ばくらいまで。
そのあとはどうにかなってしまうのではないかと思うく
らい忙しい。しかもずーっと忙しい。四十代のはじめ、
忙しいのはいやだと心底思って仕事のやりかたを変えて
みたのだが、どうしてだろう、それから十年たつ今もも

のすごく忙しいのだ。

そして「忙しい」とつねに言っている。忙しいことを周囲の人にわかってもらわないと、どうでもいいようなことをものすごくたくさん頼まれたり、やるはめになったりするから、それを避けるために公言している。だって本当に忙しいのだし。

ときどき忙しいとつねに言いながらせわしなく動きまわり走りまわり、もう間に合わないと頭を抱えている私を、二十代の私がじっと見ているのを感じる。若い私は「あーあ」という失望をあらわにして今の自分を見ている。でも、どうしようもない。あなたがなりたかった大人に私はなれなかったよ、と言うしかできない。

　ふだんはそれでも夕方五時以降に仕事をすることはな
い。線引きしないと「忙しい」に取り殺されそうな気が
するからだ。なのにときおり、夜も仕事をしなければな
らないほど忙しくなることもある。あわただしく食事を
終えてやむなく仕事をはじめる。

　わが家の猫は、仕事道具のパソコンや本、校正刷りの
上に乗ることはけっしてない。本や資料はきちんとよけ
て歩く生真面目さがある。私が仕事をしていると、邪魔
をすることはないが、正面にきてごろんと横になったり
する。おなかを見せて横になって、ちら、と私を見上げ
たりもする。もういいよ、もういいじゃん、息抜きしな
よ、と言われているような気がして、ちょっと泣きそう

になる。

　忙しい私は朝も早いのだが、猫と暮らすようになって
から、決めた時間どおりに起きられなくなった。昔から
目覚ましよりも数分早く目覚めるのだが、私が目覚める
と足元で寝ていた猫がなぜか起き上がって私の脇に入っ
てくる。体と腕のあいだにぴったり挟まるように寝そ
べって、ぐるぐると言い出す。リラックスした猫の発す
るそのぐるぐる音を聞いていると、うとうとと眠くなり、
数分後になる目覚ましのアラームも止めていつのまにか
眠っている。不思議なことに、私がそうして眠ると猫は
そっと起き上がり、また足元に戻るのである。寝かしつ
けを終えたかのように。

天気のいい日は

ひなたぼっこよ

よーくのびをしてね

休息はたっぷりと

冷えは大敵よ

……おひるねって
あんがいだいじなの

どこでも
リラックスしちゃおう

そしたらどこでも
熟睡できるから

運動は気が向いたときだけでいいよ

お風呂も気が向いたときだけでいい

食べたいものだけ食べればいいんだし

とはいえ、肉より魚多めがおすすめね

……ま、
もうちょっと寝てても
いいんだけどね

あれこれ言うより

「シャーッ」の一言よ

ときには
静寂に身をまかせよう

散らかった家って落ち着くんだよね

書類なんて

どうだって

いいんだからさ

あ、悪気はなかったって
わかってもらってね

私のこと、
最優先で
いいんだから

かわいければ
なんだって許されるって
覚えておいて

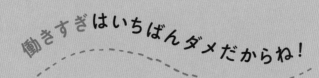

働きすぎはいちばんダメだからね！

Part 3

みだしなみは
整えて

　わが家は夫と私と猫の二人と一匹暮らしだが、みんな
に共通していることがある。ブラッシング嫌いという点
だ。夫は髪をとかさない。ブラシも持っていない。私は
洗髪のあとに、こんがらがるのを防ぐためにとかすぐら
い。猫はブラッシングをさせてくれない。

　夫と私の場合はブラッシングをしないせいで、やたら
に毛が抜けるというようなことはない（と思う）。しか
し猫は、ブラッシングをしないとたいへんなことになる。
とくに春と秋の毛が生え替わる換毛期ともなると、猫は
もっさりしてくるし、家じゅう毛だらけになる。ブラッ
シングは嫌いだが、猫らしく毛づくろいはよくするので、
抜けたたくさんの毛をなめとっておなかに入れてしまう

　のも、あまりよろしくない。

　そこで、なだめすかしてブラッシングをする。たいていのことは許して受け入れる性質の猫は、ブラッシングは嫌いなものの、しなくてはいけないのだろうと受け入れて、数分は耐えている。猛スピードで全身をブラッシングする。奥から奥から毛が出てきて、煙幕をはっているみたいになる。そして許容時間が過ぎると「もういやだ」と鳴き、するーっと逃げていく。逃げていった先で、ていねいにていねいに毛づくろいをはじめる。あーあ、もうやんなっちゃうなあ、自分できれいにするのに、という声が聞こえるようだ。

　毛づくろいは、ざらざらした舌で汚れをとって毛なみ

　を整えるためにするのだそうだ。そのほか、ストレスを感じたときに自身をなめて落ち着きを取り戻す、という効用もあるらしい。ブラッシングは嫌いだが、ふつうの猫並みにはきれい好きなのだ。そしてブラッシングされたイライラを、毛づくろいでなだめているのだろう。

　風呂嫌いというのも、私たち二人と一匹に共通することではあるが、私はとりあえず毎日風呂に入る。風呂嫌いを自覚しているからこそ、毎日入って、十五分以上は湯船に浸かる。退屈なので本を読む。本を読むために風呂に入っているようなものだが、もしかして風呂タイムは私にとって毛づくろいと同じような効果があるのかもしれない。汚れを落とし、なおかつ、湯船に浸かること

でストレスが軽くなっているような気もする。

　猫はもちろん風呂嫌いなのだが、以前はよく人間の風呂につきあって風呂場に入ってきた。風呂のふたにタオルを敷くとそこで香箱を組んで、本を読む私をじっと見ていたりした。湯船の湯であたたかくなった風呂のふたは、居心地がよかったのだろう。

　ところがあるとき、猫が湯をためるのを見にきて、調子に乗って湯船の縁を歩いてなかをのぞき、そのままバシャーン！と湯船に落ちたことがあった。いつもは静かでじっとりしている猫が、このときばかりは大声で叫びながら風呂場を飛び出した。以来、もう人間の風呂タイムにつきあってはくれない。少しさみしい。

爪はよーく研いでね

研いだその爪の先まで、
気を抜かないで

猫背は
よくないわ

目力を
つけておくといいよ

完璧なポーカーフェイスも

ね

お洒落でいることを
心がけるの

ブラッシングは
たんねんに

あくまでも気高くね

水分はたっぷりとること、

心もうるおうんだから

今
このときを
生きること

Part 4

しなやかに
生きよう

　ずいぶんと長いこと、私は人づきあいが苦手だと思っていた。学校に通っているときから、幾人かの友だちとは心底たのしく過ごせるが、もっと大勢になると、とたんに落ち着かない気分になった。初対面の人と話すのも苦手だし、仲よくなるまでに時間がかかる。しかも仲よくなる人は限られている。

　四十代も半ばになって、やっとわかった。私は人づきあいが苦手なのではなくて、世間話が苦手で、嫌いなのだ。この場合の世間話とは、雑談とは違い、相手のことを深く知らなくてもすむような、最大公約数的な会話だ。暑くなった寒くなった云々だったり、時事ニュースだったり、テレビドラマの話だったり、さほど興味がなくて

も、だれにでも通じるスモールトーク。こういう会話は、学校、会社、ご近所、規模にかかわらず「社会」が存在するところでかならず必要になる。保育園や小学校で、私たちはもうそのことを無意識に学んでいるはずだ。私も学んだ。だからがんばってきた。でも、気づかなかっただけで、ずっと苦手でいやでたまらなかった。

　なぜそれに気づいたのかといえば、世間話をする必要がだんだんなくなったからだ。私は会社や特定の社会に属していないし、なおかつ、加齢して、苦手なことを自然と避けるようになった。初対面の人と会う場所や共通の話題がない知人と、かかわらないようになった。それで、気づいたのだ。ああ私、人づきあいが苦手だったん

じゃない、どうでもいい話が苦手で、なおかつ、ど下手
だったんだ。私が話したいのは本題だけだし、その人の
本当の言葉だけだ。だから学校はなんとなくしんどかっ
たし、人と仲よくなるのに時間がかかるのだ。それがわ
かって気持ちがすごく楽になった。

　言葉を用いない猫は、言葉以外の方法で人間とコミュ
ニケーションをはかる。おなかがすいたとか、遊んでだ
とか、人間の言葉に置き換えられることを訴えもするが、
そもそも言葉に互換できない気分や思いを伝えてくるこ
ともある。猫と暮らす時間が増えてくると、彼らの、言
葉ではない気分や思い、訴えなどもわかってくるように
なる。言葉以外のやりとりが可能になってくる。そこに

は、ユーモアや悪ふざけがあったり雑談がまじっていたりすることもあるが、世間話的な、だれにでも通じる会話の導入は皆無だ。そのことに私は安心するし、こんなつきあいを人ともできたらいいのにと思っている。

　ところでわが家の猫のほうは、猫社会をまったく知らずに成長してしまったので、猫語も解さず、猫コミュニケーションをまったく知らない。近ごろ、わが家の窓のすぐ近くまでくるようになった野良猫が、しきりに目をつむって「敵ではないからね」のサインをしているのに、わが家の猫は理解できずに尻尾をぶんぶんと振っている。いつか猫語を解する日はくるのだろうか。

あなたのよさを
最大限に出せる場所を
見つけてね

言いたいことは
はっきり言うこと

いやなことは

いやだと言うの

人の話は
ちゃんと聞くべきだけど

人の意見に
左右されちゃダメ

常識に

とらわれないで

そのために、
ときどき見方を変えてみて

がまん強さも
必要だけど

譲れないときもあるのよね

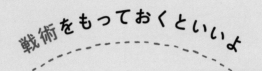

戦術をもっておくといいよ

敵は恐るるに足らず

だから、たまには
仲よくしてみようよ

とはいえ
友だち選びはたいせつ

でも、頼りすぎないこと

たまにはハメもはずしちゃおうか

気前よく いこうぜ

ぎりぎりまで
がんばってみても
いいけど

エネルギーは
温存しておいてね

集中するときは
するように

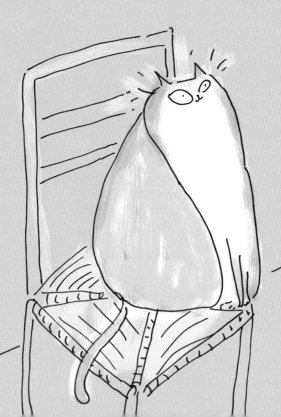

うまくいったときは、
自分を褒めなきゃ

どんなささいなことでも、ね

- - - - - - - - - - - - - - - - - -

うまくいかないときは寝ちゃえばいいの

くりかえすけど、あなたはあなたのままでいること

あわてないで、
ゆっくりね

しぶとく
ずぶとく
生きるのよ

Part 5

いっしょに 暮らそう

　猫との暮らしが十年になるが、未だに驚くことがある。不思議に思い続けていることもある。

　なかでも、なぜ、わが家の猫は私たちを好きなの？というのが、最大の謎であり、最大の驚きだ。猫をずっと飼っている人、反対に猫とは無縁の人なら「なんじゃそりゃ？」と思うだろう。猫が飼い主を好きになるのなんて当たり前だろう、だってごはんをくれる人たちなんだもの、と。猫を飼う前の私もそう思ったはずだ。

　しかし、ごはん以上のことがある気がする。猫にごはんをあげるのは私の役目だが、猫は愛情において私と夫を区別していない。もっと別のことで（フミフミのしやすさ、抱っこの上手下手、遊びのセンスなどで）区別し

ているが、愛においては平等であり、不平等に見られないか気を遣っているフシまである。夫の不在時、いつもより家の人数が少なくてさみしい猫は、私についてまわって、少しでも座ると膝に飛び乗り、前脚で私の腕にしがみつくのだが、あるとき、そうしているさなかに夫がふいと帰ってきたことがあった。玄関のドアが開く音がした途端、猫は素速く私の膝から下りて玄関方面に走り、ごろりと腹を出して廊下に横たわった。私に甘えているところを夫に見せたくなかったようだ。

　逆のこともある。私がリビングのドアを開けた瞬間、夫の胸にしがみついていた猫がガバッと下りて、何ごともなかったかのように床で毛づくろいをはじめる図を、

幾度か見たことがある。

　どちらかをより多く愛している、あるいはどちらかに
より多く甘えているとは、猫は私たちに思ってほしくな
いらしい。そのくらい、どちらもを好きなのだ。

　ならば、ではなぜ、私たちをそんなに好きになってく
れるの？　と思う。猫が私たちを選んでこの家にきたわ
けではない。たまたまやってきたのが私たちの家だった
のだ。もっと理想的な飼い主だって、ほかにたくさんい
るだろう。それでも私たちを好きになってくれるのは、
ほかを知らないから？　人間は、必ずしも自分の家族や
家を好きになるわけではない。でも猫は、私の知るかぎ
りたいていの場合、抱っこはいやがるとか、膝には乗ら

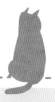

ないなど、人間との接触を嫌う場合はあっても、飼い主を好きだし心を許す。もしそれが、ごはんを含む面倒をみてくれるからだとしても、やっぱり不思議だし、驚いてしまう。だって猫は、人間の赤ちゃんとは違って、ひとりだって生きていけるのだから。

　多くの飼い主が、自分の家の猫に向かって、うちでよかった？　私でよかった？　と折に触れて尋ねているのを、あちこちでよく見聞きする。その気持ちはとてもよくわかる。完璧とはほど遠い、欠点だらけの私を、なぜそんなにまっすぐ認めて受け入れて、愛してくれるのか、そのことがだれしも不思議だし、そのまじりけのない愛情にいつだって何度だって驚いてしまうのだと思う。

まず言っておく、猫嫌いの男だけは信じちゃダメ

だけどあなたを
嫌ってるやつには、
いちだんとやさしくすること

それでも
あなたをたいせつに
してくれない人なんて、
無視しなさい

あなたらしくいれば、
あなたにぴったりの人が
きっとあらわれるんだから

自分の気持ちに

素直でいてね

好きなら好きって
言っちゃいなさい

かまってもらえないときは、
なんとしてでも気を引いて

大好きな人と会えたら、

やっぱりうれしそうにするべきよ

愛され上手に
なったほうがいい

でも「もっともっと」は
よくないわ

相手のことも
褒めなきゃね

思いどおりに
愛されればいいんだけど

大好きだからって、

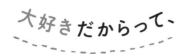

近づきすぎてもいけないの

相手の視界の
センターに
陣取っちゃいなさい

女子と猫は
好きにしていれば
いいの

男子とわんこは
ちゃんと
待っててくれるからね

ちいさな子は大目に見てあげて

家族団らんをたいせつにね

でも、お気に入りの席に
だれかがいたら、
どかしちゃっていいんだからね

おわりに

　わが家の猫から私が最初に学んだことは、人生における真剣さだと先に書いた。それ以後も、いろんなことを学んだ。たとえば人や状況を受け入れ、許すことの必要性。さみしいときにはさみしいとまっすぐに主張する正直さ。非力ながら他者を守ろうとする勇気も、ゆるやかな団結の魅力も学んだ。

　以上のことは、わが家の猫の性格や個性も関係している。けれど、性格や個性にかかわらず、どんな猫も私たち人間に教えてくれることがあると私は思っている。それは、物理的な意味において、自分よりちいさいもの、圧倒的に無力なものについて思いを馳せる、ということだ。自分では缶詰も開けられず、どこかが痛んでもそれを伝えるすべをもたない、ちいさなやさしい生きものに私たちは心を砕き、自分に何ができるか考え、最善と思えることをしようと決意し、つねに、言葉ではない方法で相手（猫）の気持や願望を想像している。仕事や勉強や人づきあいで用いるのとは違うがんばりと力を、猫は私たち人間に与える。

　いや、猫ではなくても、言葉でコミュニケーションのとれないちいさな生きもの、赤ちゃんや小鳥、植物なども同様だ。

私たちは彼ら・彼女たちから、ともに生きる責任を学ぶ。それはつまるところ、生きる意味を——すべてではなくその断片だとしても——学んでいるのだと私は思うようになった。私の場合、それを教えてくれたのは猫だった、というだけのこと。

角田光代

角田光代 かくたみつよ

1967年生。1990年「幸福な遊戯」でデビュー。
2005年「対岸の彼女」で直木賞受賞。
おもな著書に「八日目の蟬」「紙の月」「さがしもの」など。

プロフィール写真／垂見健吾（奥付・帯）

らしく生きよと猫は言う

2020年5月29日　初版発行

絵 ◡ ジェイミー・シェルマン

文 ◡ マイケルオマラ出版社

翻訳・写真提供 ◡ 角田光代

編集協力 ◡ 美藤まゆみ

デザイン ◡ 月島奈々子（フレーズ）

Illustration copyright © Jamie Shelman

Text copyright © Michael O'Mara Books Ltd

Japanese translation rights arranged with

MICHAEL O'MARA BOOKS LIMITED

through Japan UNI Agency,Inc., Tokyo

発行者 ◡ 近藤和弘

発行所 ◡ 東京書店株式会社

〒101-0051

東京都千代田区神田神保町3-5

住友不動産九段下ビル9F

TEL　03-5212-4100

FAX 03-5212-4102

http://www.tokyoshoten.net

印刷・製本 ◡ 株式会社光邦

Printed in Japan ISBN978-4-88574-049-7

© KAKUTA Mitsuyo 2020